coleção fábula

ÉTIENNE KLEIN

O TEMPO QUE PASSA (?)

TRADUÇÃO
CECÍLIA CISCATO

editora■34

O TEMPO QUE PASSA (?)

CONFERÊNCIA PRONUNCIADA EM 9 DE JUNHO DE 2012,
NO TEATRO DE MONTREUIL, NOS ARREDORES
DE PARIS, E SEGUIDA DE UMA SESSÃO DE PERGUNTAS
E RESPOSTAS.

O título curioso que eu proponho a vocês é *O tempo que passa*, seguido de uma interrogação entre parênteses. Uma das questões de que vou tratar aqui é justamente saber se é mesmo verdade que o tempo passa — e, se for esse o caso, também a questão de como entender esse fato. Antes de ir direto ao assunto, farei várias observações relativamente básicas a propósito do tempo. A primeira delas é que o tempo é, para nós, uma espécie de evidência — um ser muito singular, sem dúvida, mas que tem para nós a reputação de ser familiar, tão familiar quanto um animal de estimação. O tempo aparenta ser claro e límpido, ele parece óbvio. Acreditamos inclusive vê-lo em toda parte. Ele está aqui e ali, secreto, silencioso, sempre em movimento, nesta folha que cai, no bebê que nasce, na criança que cresce, nesta parede que descasca, na vela de aniversário que sopramos, no amor que se apaga, naquele outro que começa.

O tempo é o "fator tempo", como também o chamamos, aquele fator que parece estar no comando de tudo. Ele parece estar tanto dentro de nós como ao nosso redor, presente nos bons e nos maus momentos:

De nos vies,
C'est l'âpre fumet.
Et c'est le parfum.

[De nossas vidas,
ele é o odor acre.
E ele é o perfume.]

O tempo é *o odor acre* de nossas vidas, pelo menos quando as coisas não vão indo lá muito bem. É também *o perfume* de nossas vidas, como se diz quando vivemos coisas muito agradáveis. Mas vejam só este fato curioso, que vocês mesmos podem verificar, se relerem os versos com mais calma: *C'est l'âpre fumet* e *Et c'est le parfum* são duas expressões que, em francês, contêm exatamente as mesmas letras, em sequências diferentes; e — coincidência extraordinária! — são também as mesmas letras que podemos encontrar quando escrevemos "fator tempo", *facteur temps*... Isso é o que chamamos de anagrama. Assim, o fator tempo contém em si mesmo, de um jeito secretamente entrelaçado, uma face alegre e uma face sombria, um pouco à maneira do carteiro (*facteur*, em francês), que traz tanto notícias boas como notícias más...

*

Mas é preciso desconfiar: embora pareça estar em toda parte, subjacente a todas as coisas, o tempo não se deixa realmente ver em nenhuma delas. Ele se esconde atrás de cada uma das aparências e manifestações às quais o assimilamos e que acabam nos enganando a seu respeito. A grande originalidade do tempo está aí: ele se mantém invisível, mesmo ao raio X, e nunca se entrega como se fosse um objeto banal, "empírico", um objeto como os outros. Só que, mesmo que ninguém jamais o tenha visto na sua frente, mesmo que ele nunca se mostre, mesmo que ele não se exiba diretamente em nenhum lugar, mesmo que nunca o tenhamos visto em carne e osso, cara a cara, ou sentido, escutado, tocado o tempo, nem por isso deixamos de falar dele como quem fala de um velho conhecido. Pode ser então que, na realidade, só percebamos seus efeitos, seus reflexos, suas obras, seus contornos, que acabam nos iludindo a respeito de sua verdadeira natureza.

A palavra "tempo", essa palavra usada todos os dias, parece sem importância. Seja como for, não é intimidante. Aliás, cada um de nós entende e compreende de que se trata quando se fala do tempo e acredita conhecê-lo intimamente. Não é preciso ser um grande filósofo, como Aristóteles ou Immanuel Kant, nem um grande físico, como Albert Einstein, para ter sua própria concepção do tempo, sua vaga ideia pessoal a respeito. A condição humana pertence a cada um de nós, cada um tem seu próprio destino, uma experiência somente sua, e achamos que isso basta para evocar a questão do tempo. E então, um belo dia, ao sabor de uma reflexão, de uma leitura ou de uma fantasia, tudo vem abaixo: percebemos de repente que não entendemos nada do tempo, que ele se mistura a muitas outras noções delicadas (movimento, mudança, sucessão, ritmo...), que se dispersa em avatares de si mesmo e que sua aparente familiaridade vem apenas do hábito, de uma certa rotina do uso da língua, e não de uma elucidação. Num lampejo, descobrimos a opacidade do tempo, seu mistério radical — pois, afinal, o que vem a ser o tempo? É uma substância específica, algo de natureza singular, um ser à parte? Ou será apenas uma palavra superficial que colamos sobre o curso das coisas? Costumamos dizer que o tempo flui ou passa. Mas ele realmente flui e passa? Em caso afirmativo, ele flui e passa por si mesmo? Ou será que nossa impressão de que ele passa vem, ao contrário, integralmente de nós mesmos?

Vocês, que são jovens ou muito jovens, vocês têm sorte. Mas como ainda não tiveram tempo — pois a juventude é isso, por definição — de realizar estudos prolongados, eu gostaria de dizer aqui algumas coisas bastante simples, pelo menos no início da minha fala, a respeito desse ser misterioso chamado tempo.

Eu gostaria de começar pelo começo (aliás, não tenho muita escolha, afinal o começo é aquilo pelo que começamos, mesmo quando a gente começa por outra coisa que não o começo...): o tempo é antes de tudo uma palavra da nossa língua, uma palavrinha de apenas duas sílabas, como tantas outras do nosso idioma. É preciso dizer que é uma palavra muito útil, talvez indispensável, visto que constantemente precisamos usá-la. Como seria possível falar de um acontecimento, contar uma história ou exprimir uma emoção sem inseri-los numa trama temporal? Sei que esta palavra não existe em todas as línguas, mas aqui nestas nossas paragens, se retirarmos a palavra "tempo" do vocabulário, seria como se nossa boca tivesse sido costurada. Para nos convencermos disso, basta olhar para o lugar singular, imenso e único que ela ocupa, não apenas em nossa linguagem do dia a dia, mas também na literatura e na filosofia, nas ciências e na poesia, e ainda na música popular, que nos lembra que a vida é breve, os amores, efêmeros e a morte, certa.

Só que a palavrinha "tempo" não diz nada sobre o que ele é. Mesmo que seu uso seja frequente, ela não nos leva a nenhum esclarecimento da realidade que ela pretende denominar. Em suma, há uma distância entre o dizer e o dito: essa palavra não nos diz o que ela diz. Ela nomeia, sem dúvida, mas não denomina, isto é, não basta pronunciá-la para que a realidade do tempo se ilumine a uma luz reveladora. *Nomear o tempo não equivale a exibi-lo nem a mostrá-lo.* Com toda a certeza, o tempo não é um objeto no sentido usual do termo. Sua realidade é certamente mais sutil que a de uma mesa ou de uma cadeira. Temos todos uma ideia vaga do que é o tempo, mas ninguém é capaz de dizer "o tempo é isto".

Se eu quisesse explicar para vocês o que é um tijolo, eu poderia começar descrevendo sua matéria, sua forma, sua cor. E, se vocês ainda não conseguissem entender do que se trata, eu poderia pegar um tijolo na mão, mostrar e dizer: "É isto, um tijolo é isto!". Mas, para fazer vocês entenderem o que é o tempo, o que eu poderia pegar nas mãos? Nada de concreto, vocês já desconfiam. O tempo não é diretamente visível, não é facilmente mostrável. É também indefinível. É claro que sempre é possível tentar propor definições do tempo, mas nenhuma traduz de fato a ideia do tempo. São mais piruetas, quase trocadilhos, do que propriamente definições. Por exemplo, podemos dizer que o tempo é o melhor meio que a natureza encontrou para que as coisas não aconteçam de uma só vez. É um jeito inteligente de traduzir o fato de que, se não houvesse o tempo, tampouco haveria a duração: tudo aconteceria de uma vez, pá-pum, mais nada. Se tomarmos essa hipótese a sério, o tempo aparece como algo que sustenta as coisas que duram na sucessão dos momentos presentes. Ele permite que elas estejam sempre aqui. Mas há outras abordagens possíveis. Também podemos dizer que o tempo é "o que acontece quando nada está acontecendo": quando nada mais se move ou muda, quando nada mais acontece e nenhum evento se produz, o tempo continua existindo; ele passa, como é de seu costume, nem mais nem menos. Mas percebam que, na verdade, tal definição não é bem uma definição, uma vez que relaciona a ideia do tempo à ideia da passagem. De alguma maneira, ela o define a partir dele mesmo, e não a partir de uma outra noção mais fundamental do que ele. Parece que só se pode dizer o que o tempo é a partir de suas próprias metáforas e imagens, com as quais a história das ideias o vem confundindo.

Feitas essas observações, vou continuar fazendo perguntas simples e ingênuas. Em geral, esperamos de uma pergunta simples uma resposta também simples. Mas vocês verão que, na verdade, nem sempre é tão simples assim!

QUAL A IDADE DO TEMPO?

Há quanto tempo o tempo existe? A resposta que gostaríamos de dar a esta pergunta é que o tempo existe desde "a noite dos tempos". Mas esta não será minha resposta, pois não tenho certeza de que existam vários tempos, nem mesmo que todos tenham tido uma noite. Eu estaria mais tentado a dizer que o tempo existe há um bom tempo, mais ou menos desde o surgimento do universo (se é verdade que ele realmente surgiu), há pelo menos 13,7 bilhões de anos. Ele é, então, muito mais velho do que nós e, na verdade, muito mais velho do que o mais velho dos velhos.

Assim, poderíamos pensar que ele já não tem nenhum cabelo, que sua pele é enrugada, toda seca, e que sua barriga é grande feito um balão. Mas não é tão certo que seja assim. Para começar, nada indica que o tempo se assemelhe a nós: aposto que ele não tem nem cabelo, nem carnes, nem pança. Além do mais, não é seguro que o tempo se desgaste ou envelheça à medida que avança em idade. No final das contas, é possível que ele tenha permanecido o mesmo desde o começo, que nada o tenha estragado nem gasto, que sua silhueta esteja igualzinha, ou seja, que o tempo de há 10, 12 ou 13 bilhões de anos fosse como o tempo de hoje. Vocês dirão que, naquela época, o universo era muito diferente do que ele se tornou. De fato, o universo era muito mais quente e muito mais denso do que hoje, e as partículas de matéria presentes em seu interior eram dotadas de energias muito maiores que atualmente. Mas talvez o tempo já passasse seu tempo a passar do mesmo jeito que ainda faz hoje. Para ele, exceto pelas condições físicas que ele encontra em seu caminho, talvez nada tenha fundamentalmente mudado desde o universo primordial.

A esse respeito, pode ser que vocês já tenham visto, durante um passeio na montanha ou ao atravessar um vilarejo, um relógio de sol com a inscrição em latim "*tempus fugit*", que significa "o tempo foge" ou "o tempo se esvai". Já viram? É verdade, o tempo possui essa má reputação de estar sempre em fuga. Se fosse um soldado, seria tratado como desertor. Mas, se o tempo fugisse ou escapasse tanto quanto o acusamos de fazer, ele já teria desaparecido há um bom tempo! Ele nem estaria mais aqui! Na realidade, o que foge, o que deserta, o que se esvai é o passado, são os momentos passados. O tempo está sempre aqui, bem presente. Talvez ele seja a única coisa que, no final das contas, não muda ao longo do tempo, o único ser que consegue escapar do tempo. Aliás, esta seria uma conclusão para lá de estranha: dizemos sempre que o tempo "é a mudança", que o tempo parece que não passa quando as coisas deixam de mudar, e eis que eu estou aqui dizendo que o tempo é aquilo que não muda à medida que passa, como se ele passasse sem nada mudar no seu jeito de passar...

Mas quando eu digo, como fiz há pouco, que o tempo bem poderia ser tão velho quanto o universo, estou enunciando algo com que nem todo mundo concordará. Certos filósofos pensam que o tempo não existe de modo autônomo, sem relação com o homem, que o tempo tem a ver conosco, bípedes superiores, e que ele não existe separadamente do sujeito que o constrói. Um filósofo do qual vocês com certeza ouvirão falar quando crescerem e cujo nome eu já citei, Immanuel Kant, pensava dessa forma e explicava isso em termos que vocês talvez achem difíceis de entender. Vou citá-lo mesmo assim: "O tempo não é senão uma condição subjetiva de nossa [humana] condição e não é nada, em si, fora do sujeito".

Essa concepção é sem dúvida defensável — e mesmo defendida —, mas ela deve enfrentar um dado factual que, na minha opinião, constitui um problema para ela, uma dificuldade que pode ser proibitiva. Durante o século XX, graças ao aperfeiçoamento dos métodos de datação — e isso para todas as escalas de duração —, os cientistas conseguiram estabelecer que o universo — como eu já havia dito — tem algo entre 13 e 14 bilhões de anos, que a formação da Terra aconteceu há 4,45 bilhões de anos, que a vida apareceu há 3,5 bilhões de anos e que o surgimento do homem data de meros 2 milhões de anos. O que esses números nos dizem de modo cabal? Que objetos muito mais antigos existiram no passado do universo, muito antes do aparecimento de toda e qualquer forma de vida sobre a Terra; que inúmeros eventos se desencadearam sem que nenhuma consciência humana pudesse testemunhá-los; que a espécie humana, definitivamente recente e até mesmo nova em comparação a outras espécies vivas, não foi contemporânea de tudo aquilo que o universo conheceu e atravessou. E por larga margem: 2 milhões de anos contra 14 bilhões, ou seja, uma relação de 1 para 7.000.

Tal cronologia nos ensina que somos produtos bem tardios de um universo que passou grande parte do seu tempo existindo e evoluindo sem nós. O que acham disso os filósofos que defendem a ideia de que o tempo não teria realidade objetiva, que ele seria necessariamente subordinado ao sujeito e não poderia existir sem ele? Talvez fosse o caso de perguntar a eles. Porém, tenho a impressão de que, assim que colocamos frente a frente os resultados obtidos pela datação e o discurso desses filósofos, vemos surgir um problema: se a passagem do tempo depende de nós, só existe por nós mesmos — ou para nós mesmos —, como é que o tempo conseguiu se virar para passar antes do nosso surgimento? Como explicar que o universo tenha podido durar e se desdobrar temporalmente durante 13,7 bilhões de anos, durante uma época em que ainda não estávamos aqui? No final das contas, a questão é saber como ele fazia para passar quando a gente não estava aqui para fazê-lo passar, supondo que ele precise obrigatoriamente de nossa presença para passar. Se ele depende de nós, como ele passava antes de nos tornarmos seus contemporâneos?

Já estou até escutando um murmúrio no ar: "Mas o senhor está falando de coisas complicadas demais, a gente não está entendendo quase nada. O tempo é muito mais simples do que esse falatório todo: o tempo não é simplesmente o que os relógios indicam?".

É uma boa pergunta, com certeza. Ela prova que pelo menos vocês não são de perder tempo e vão direto ao ponto. Mas é preciso examinar as coisas um pouco mais de perto.

O QUE OS RELÓGIOS MOSTRAM?

Para agradar vocês, eu começaria dizendo que um filósofo que escreveu muito sobre o tempo, Martin Heidegger (que eu não recomendo ler nos próximos anos, tamanha a dificuldade de entendê-lo), defendeu teses que vão na mesma direção que a de vocês. Segundo ele, é bem na "presentificação do ponteiro que avança"* (a expressão é dele) que o tempo se mostra em sua forma mais límpida. Vejam esse ponteiro que avança em torno de seu eixo: ele nos apresenta o tempo tal como ele é, praticamente nu, quase puro, por meio do desfile circular das horas, dos minutos e dos segundos, não é?

Podemos nos convencer de que um relógio mostra o tempo — até mesmo em plena ação! Mas, pensando bem, o que de fato mostra um relógio? O movimento dos ponteiros simboliza aos nossos olhos o tempo em ação, é claro, mas este movimento regular, que supõe até mesmo um desdobramento do tempo, pode por isso mesmo ser confundido com o tempo em si?

Um relógio dá a hora, estamos todos de acordo, ele inclusive passa as horas fazendo somente isso, mas na verdade ele não mostra nada do que o tempo realmente é. Ele antes o dissimula atrás da máscara convincente de uma mobilidade perfeitamente regular. Revestindo o

---

* Martin Heidegger, *Ser e tempo*. 1ª. ed. Petrópolis: Vozes, 2006. [N.T.]

tempo de movimento, o relógio o desloca, o afasta dele mesmo, fazendo dele, às escondidas, um avatar do espaço, um duplo da extensão.

O que um relógio mostra, definitivamente, não é o tempo em si, mas o tempo espacializado, o tempo disfarçado de movimento, o tempo transformado em movimento regular no espaço, aquele tempo dos ponteiros no mostrador do relógio; e é graças a esse movimento dos ponteiros no espaço que podemos medir as durações. Ora, medir uma duração é a mesma coisa que medir o tempo? Sim e não. Sim, pois o tempo é aquilo que permite que haja durações, produzindo continuidade no conjunto dos instantes. Não, pois a medição de uma duração não exibe de forma alguma o tempo que a fabricou, tampouco revela o mecanismo misterioso pelo qual, tão logo aparece, todo instante presente desaparece para dar lugar a outro instante presente, que por sua vez se retirará para dar lugar ao instante seguinte. Ora, o tempo é precisamente esse "mecanismo", essa máquina de produzir novos instantes o tempo todo: esse motor íntimo, esse sopro escondido no centro do mundo pelo qual o futuro se torna primeiro presente, depois passado. Ele é essa força secreta pela qual o amanhã "desliza" até se tornar hoje, fixando com precisão os prazos atribuídos para essa operação que se repete cotidianamente. Toda e qualquer duração surge apenas por efeito de um impulso que não admite pausa.

Já que estamos falando nisso, permitam-me um pequeno comentário maravilhado sobre o que a duração representa fisicamente. A duração é uma "coisa" muito estranha, até mesmo misteriosa: costuma-se dizer que a duração é para o tempo aquilo que o comprimento é para o espaço. Mas, diferente de um comprimento, seu primo espacial, uma duração nunca está presente *in extenso*, nunca nos é dada de uma só vez, afinal ela é constituída de instantes que se sucedem, que aparecem uns após os outros, sem jamais coexistir. Trata-se então de uma quantidade que nunca está inteiramente aqui, nunca está integralmente exposta diante de nós. Um metro de comprimento pode nos ser integral e instantaneamente presente. Esse não é o caso de uma duração, que nós podemos percorrer, viver e também medir graças a um relógio, mas que nós não podemos abarcar de uma só vez. Pensem, por exemplo, na duração que nos separa de amanhã: será que os instantes sucessivos que vão constituí-la já estão no futuro, esperando que nos juntemos a eles, que passemos por eles, ou será que eles nem existem antes de finalmente aparecer? Em outras palavras, os instantes do futuro já existem no que está por vir, esperando pacientemente nossa chegada para se tornarem presentes, ou eles não estão em lugar nenhum enquanto não se tornarem presentes? Eis aqui uma pergunta bem tola à qual ninguém sabe responder direito e à qual eu retornarei.

Por ora, volto aos relógios. Acho que agora ficou claro para vocês que eles não indicam o tempo, mas o *simulam* à medida que o espacializam, ou melhor, o *dissimulam* sob o espetáculo do movimento dos ponteiros. É por isso que seria melhor parar de associar os relógios diretamente ao tempo: de uma vez por todas, não há nem mais nem menos tempo num relógio do que há, por exemplo, num copo, e pouco importa que um copo não tenha ponteiros e muito menos ponteiros em movimento... Poderíamos dizer que "o tempo se aloja fora dos relógios", ou que o tempo não se aloja mais nos relógios que fora deles... Ele não está mais presente num tal objeto que em outro qualquer, pois ele age do mesmo jeito em todos os lugares, num pedregulho como num pedaço de madeira ou num volume de ar. Aliás, quando o relógio de vocês para (por exemplo, quando a bateria acaba), isso por acaso provoca a parada do tempo? Não, não é por isso que o tempo há de parar. Ele continua fabricando novos instantes presentes, uns após os outros, como sempre, como quem não quer nada, e é essa sucessão de instantes que constitui a duração, quer exista ou não um relógio para medi-la. E quando vocês tiverem trocado a bateria de seus relógios, vocês terão de acertar a hora, prova de que o relógio não marcava mais a hora certa e que o tempo pôde passar sozinho, sem ele. Prova também de que — mas é claro que nenhum relojoeiro vai concordar... — o tempo não quer saber nem dos relógios, nem do dia 30 de fevereiro.

O TEMPO PODE PARAR?

Essa frase que eu acabo de pronunciar, "o tempo se aloja fora dos relógios", é quase poesia. Também não surpreende, pois o tempo e a poesia sempre andaram de mãos dadas. Existe tempo num copo,* eu disse há pouco, como existem muitos versos sobre o tempo. Quando já não se tem mais a sorte que vocês têm de ser jovens, o tempo que passa pode nos entristecer ou nos tornar nostálgicos: "Oh, tempo! Suspende o teu voo", dizia o poeta Lamartine, Alphonse para os íntimos, "e vós, horas propícias! Suspendei vosso curso, deixai-nos saborear as rápidas delícias dos nossos mais belos dias." Quem sabe vocês aprenderam este poema na escola?

Quando Lamartine pede "Oh, tempo! Suspende o teu voo", a palavra "voo" deve ser entendida em dois sentidos, em francês: no sentido de um voo (*vol*) de avião, bem como no sentido de um furto (*vol*) de uma joia. Aquilo que Lamartine chama de voo do tempo — *vol du temps* — é a sua passagem, seu decorrer, o fato de parecer avançar sem nunca parar. Mas — e é aqui que a relação com o furto de uma joia se dá —, quando vivemos momentos felizes ou mágicos, queremos que eles durem muito tempo, até mesmo que as coisas permaneçam

---

*O autor brinca aqui com as palavras "*verre*" (copo) e "*vers*" (versos), que têm a mesma pronúncia em língua francesa. [N.T.]

como estão, eternamente. Resumindo, gostaríamos que o tempo parasse de voar e de nos roubar os momentos de felicidade, apesar de isso não ser possível. O tempo é sempre mais forte que nossos desejos e sempre mais poderoso que nossos sonhos...

Mesmo assim, como Lamartine, falamos de bom grado do tempo como se ele pudesse parar e até mesmo parar de existir. Desejo muito profundo, sonho muito humano: preservar-se do tempo que corre, capturar os instantes de felicidade. Cada um de nós já se pôs a sonhar com um mundo atemporal, onde nada mais se degradasse, onde o jardim das coisas desabrochasse protegido dos eventos históricos, numa espécie de bem-aventurança eterna.

Mas, na prática, como fazer isso? Erwin Schrödinger, um famoso físico da primeira metade do século xx, além de um grande apaixonado pelas mulheres, explicava que bastava um beijo sincero para fazer o tempo parar: "Ame uma moça com todo o seu coração e a beije na boca: assim o tempo deixará de passar e o espaço, de existir".* A receita é mais do que louvada desde a noite dos tempos: aos olhos daqueles que querem se libertar da tirania do tempo, o amor sempre foi, talvez não eficaz, mas pelo menos promissor.

---

* Erwin Schrödinger, *Carnets de 1919. À propos de philosophie kantienne*. Citado por J. Mehra e H. Rechenberg, *The Historical Development of Quantum Theory*, Berlim: Springer, 1987, p. 40.

A esse respeito, somente os autores de ficção científica estão à altura de fazer concorrência ao amor. Em alguns de seus livros, imaginam que o tempo realmente deixa de passar. Qual é o truque? A confusão entre tempo e movimento. A história começa sempre assim: de uma hora para outra, os ponteiros de todos os relógios se imobilizam (o que, no final das contas, é possível), com o que chegamos imediatamente à conclusão de que o tempo não passa mais. Vejam, por exemplo, as primeiras linhas de um romance chamado *Le jour où le temps s'est arrêté* [O dia em que o tempo parou]:

> Em 24 de maio de 2006, uma sexta-feira, às onze horas, vinte e sete minutos e trinta e quatro segundos, o tempo para: Raymond, em uma das calçadas da praça central, estava justamente acertando seu relógio. Ele chacoalha o relógio. Os ponteiros continuam imóveis. [...] Os semáforos dos cruzamentos não mudam mais, alguns permanecem vermelhos, outros, verdes. Os automóveis, os ônibus não andam mais, paralisados. O ciclista que pedalava perde o equilíbrio e cai.*

Prosa bem curiosa, não acham? O motor do tempo pode então sofrer uma pane sem que isso impeça o mun-

---

* Jean Bernard, *Le jour où le temps s'est arrêté*. Paris: Odile Jacob, 1997, p. 11.

do de continuar existindo! E o corajoso Raymond conse-gue até chacoalhar seu relógio!

Em suma, os autores desse tipo de texto nos pedem para aceitar, de uma só vez, que o tempo não passa mais e que o mundo continua a existir — simples assim! —, e que nesse mundo onde o tempo parou os movimentos permanecem possíveis. Isso não é lá tão pouca coisa para "engolir": para que o mundo se mantenha, é afinal preciso que haja um tempo, um tempo que, passando, faça o mundo durar, permita que esse mundo persista como mundo. Mesmo que nesse mundo nada mais se passe, nada mais se mexa, o tempo continua ativo para garantir a continuidade daquilo que é: a cada momento, é ele, o tempo, que toma o "agora" pela mão para fazê-lo atravessar o presente. Assim, a suspensão definitiva do tempo significaria não somente a imobilização de tudo, como também, talvez, a interrupção imediata do presen-te, isto é, o desaparecimento de tudo aquilo que existe. Tal anulação, instantânea e completa, reduziria qualquer apocalipse a uma mera bagatela: uma suspensão do tempo seria uma sentença de morte do próprio mundo... Algo que não se pode propor decentemente à mulher que a gente ama (Lamartine devia ter pensado duas vezes).

Há, portanto, uma defasagem entre nossos senti-mentos, que apreciam muito a ideia de uma suspensão do tempo (ou clamam por sua suspensão), e nosso in-telecto, que não tem como pensar nisso e só vislumbra uma suspensão do movimento. Essa constatação não quer dizer que o tempo não possa um dia parar; ela simplesmente ilustra nossa incapacidade de pensar naquilo que isso implicaria.

E SE O TEMPO FOSSE UMA GAIOLA GIRATÓRIA?

Eu sei que vocês vão me dizer: o senhor é muito simpático, está aqui nos falando do tempo há vários minutos, mas o senhor ainda não nos explicou o que ele é. Assumo a minha culpa, e vou tentar me redimir com a ajuda de uma imagem, dizendo que o tempo é uma "gaiola giratória" da qual desconhecemos o que a faz girar"...

Vou me explicar. O tempo é antes de tudo uma gaiola, visto que não somos livres para escolher nossa posição no tempo: nós estamos no momento presente e dele não podemos sair. Vejam: hoje nós estamos no sábado, dia 9 de junho de 2012, agora são precisamente 15:23 e nenhum de nós tem a liberdade de estar presente em outro momento que não este: não podemos modificar nossa idade, nem alterar nossa data de aniversário.

Em outras palavras, o que estou dizendo é que as viagens no tempo são impossíveis. Elas são também problemáticas, uma vez que não sabemos bem em que poderiam consistir. Afinal, o que significa exatamente "viajar no tempo"? Seria mudar de época sem mudar de idade? Conversar com Júlio César, por exemplo? Ou com

Cleópatra? Ou com Vercingétorix, na batalha de Alésia, e oferecer-lhe uma metralhadora capaz de mudar o resultado da batalha? Mas, nesse caso, a operação não correria o risco de ser perigosa e até mesmo fatal para o viajante no tempo? Pois, se o desfecho da batalha de Alésia fosse alterado por um viajante no tempo armado até os dentes, se dessa vez os gauleses vencessem, repelindo com firmeza os romanos, toda a sequência da história seria igualmente alterada: os deslocamentos dos povos seriam diferentes dos que de fato se deram na história, a tal ponto que o primeiro encontro entre os pais do viajante no tempo talvez não pudesse acontecer... Assim, ao ajudar Vercingétorix, o viajante no tempo poderia impedir sua própria vinda ao mundo, o que contradiria o fato de que ele está aqui, vivinho da silva! A gente começa a suspeitar de que uma viagem no tempo pode ser uma coisa bem esquisita, uma história menos engraçada do que parece... A não ser que se imagine que viajar no tempo seria reviver repetidamente os momentos felizes? Ou então que se trata de observar passivamente, numa espécie de tela de cinema, o passado ou o futuro, por meio de um "teletransporte temporal" que dissociaria o tempo pessoal do tempo histórico? Ou ainda que viajar no tempo consistiria em mudar de idade sem mudar de época, como tentam nos fazer crer os fabricantes de cremes ditos "de rejuvenescimento" e outros produtos cosméticos, ou então os chamados cirurgiões plásticos, que repuxam a pele das mulheres de um lado para o outro? Mas, admitindo-se que esses produtos ou essas operações tenham o resultado esperado, isso não corresponderia a uma mera modificação da aparência física das pessoas, mais que a um real deslocamento de sua presença no curso do tempo? Dizer de uma pessoa de aparência rejuvenescida que ela viajou no tempo equivale a cometer um abuso de linguagem: a pessoa simplesmente mudou de idade aparente, conservando porém a mesma idade real...

Vocês já devem ter notado que, volta e meia, as revistas de divulgação científica anunciam que, dado o ritmo das pesquisas físicas, não vai demorar até que se invente uma máquina do tempo. Essas revistas estão falando sério ou só querem aumentar suas vendas? Os avanços da física de fato autorizam alguma esperança nesse sentido? A esse respeito, me ocorre uma pergunta perfeitamente cândida: se é verdade que, no futuro, será possível construir uma máquina do tempo, como explicar que ainda não a tenhamos à disposição, agora mesmo? Vamos admitir, por exemplo, que tal máquina seja fabricada em 2050. Bastaria que ela viajasse algumas décadas no tempo para chegar até nós. Ela deve ser capaz de uma excursão no tempo, uma vez que é justamente essa a sua função! Mas então por que ela ainda não está aqui? Uma máquina do tempo, capaz de visitar todas as épocas, não deveria ser atemporal por natureza? Deixo vocês com a pergunta.

Num registro completamente diferente, os aceleradores de partículas, como o LHC (Grande Colisor de Hádrons), no CERN (Organização Europeia para a Pesquisa Nuclear), são apresentados como "máquinas do tempo", na medida em que permitem obter indicações do que foi o passado muito remoto do universo. Graças às colisões muito violentas que possibilitam, essas máquinas criam — ou melhor, recriam —, em um pequeno volume e durante um tempo muito breve, as condições físicas extremas encontradas no universo primordial (altíssima temperatura e uma enorme densidade de energia). Desses choques saem inúmeras partículas provenientes da materialização da energia das partículas incidentes. A maior parte dessas partículas não existem mais no universo: muito fugazes, elas se transformaram rapidamente em outras partículas mais leves e mais estáveis que constituem a matéria dos dias de hoje. Tudo isso é espetacular, mas o termo "máquina do tempo" aqui também é abusivo: esses aceleradores não nos fazem viajar no tempo, eles apenas permitem reproduzir no presente as condições físicas predominantes no passado. Não é a mesma coisa. O que essas máquinas produzem é mais um tratamento de rejuvenescimento extraordinário de uma pequena zona de espaço-tempo do que propriamente uma viagem pelo tempo...

Como vocês sabem, não faltou imaginação aos autores de ficção científica para pôr em cena diversos tipos de viagem no tempo já citadas aqui, mas é fácil perceber que isso sempre se faz à custa de incoerências. Pois a própria ideia de viagem no tempo implica uma separação nítida, uma distinção radical entre o tempo próprio àquele que viaja e o tempo exterior *pelo qual* ele viaja. Essa ideia supõe que coexistam dois tempos diferentes no âmbito de um só e mesmo mundo: de um lado, o tempo do viajante; de outro, o tempo do universo. Mas, se esses dois tempos fossem um só, já não seria mais possível falar de viagem no tempo... Podemos nos perguntar agora, admitindo-se a hipótese de que só haja um tempo único, se justamente esse tempo não seria aquela coisa pela qual não se pode viajar...

Eu sei que isto vai deixar muita gente contrariada, mas os fatos estão aí: é absolutamente impossível voltar ao passado e avançar no futuro. Por exemplo, nunca mais poderemos reviver os instantes que vivemos ontem. É claro que poderemos reviver as mesmas *coisas* que ontem — por exemplo, comer o mesmo bolo de chocolate delicioso que devoramos ontem —, mas jamais os mesmos *instantes*. Em outras palavras, quando os eventos se repetem, o tempo não se repete. É também nesse sentido que digo que ele é uma gaiola, uma prisão: estamos condenados a segui-lo, a acompanhar seu curso, sem nada poder mudar nem no ritmo que ele nos impõe, nem no lugar que ele nos designa.

Mas vocês vão me perguntar: por que eu disse que essa prisão, essa gaiola que é o tempo, é giratória? Simplesmente porque ela é capaz de avançar: o tempo vai para a frente. Ele nos leva do presente em direção ao futuro. Um exemplo: é graças a ele que o amanhã vai acabar virando presente, transformando-se em um novo hoje. Resta saber o que faz o tempo avançar a um ritmo constante, e é aqui que as coisas se complicam.

DE ONDE VEM O TEMPO "QUE PASSA"?
E, A PROPÓSITO, ELE PASSA MESMO?

Miragem da linguagem: tão logo é empregada numa frase, a palavra "tempo" nos dá uma impressão de um saber, ali onde não há nenhum tipo de saber real. E é assim que às vezes ela nos engana. Por exemplo, nós declaramos sem hesitar que "o tempo passa", uma vez que é a noção de passagem que melhor caracteriza a dinâmica própria do tempo, como se houvesse na verdade um ser propriamente dito sujeito à "passagem". Mas é mesmo verdade que o tempo passa? Podemos pensar que, de fato, o tempo é uma *circulação* que obriga cada novo evento a pertencer, sucessivamente, ao porvir, ao presente e ao passado. Em suma, que o tempo é aquilo que faz todas as coisas passarem. Mas daí a dizer que é o próprio tempo que passa, bem, esse é um passo que a linguagem coloquial nos conduz levianamente a dar. Na verdade, a sucessão dos três momentos (o futuro, o presente e o passado) não implica de forma alguma afirmar que o tempo sucede a si mesmo, que ele seja um *trânsito* puro. Os outros passam, com certeza, mas e ele? Se considerarmos que o tempo é aquilo pelo qual cada instante presente cede lugar a um outro instante presente, então é justamente por conta da presença constante do tempo que as coisas não param de passar. Mas, se é isso mesmo, não seria o caso de dizer que é a realidade inteira que "passa" e não o próprio tempo, que por sua vez nunca deixa de estar aqui fazendo passar a realidade?

Assim, na contramão do sentido das palavras, devemos vislumbrar, no interior da própria passagem temporal, a presença de um princípio ativo estável, que não muda. Resumindo, a presença de um tempo que foge ao "porvir", já que ao longo do tempo ele não altera seu modo de ser tempo. Inclusive, representamos o tempo por meio de uma linha reta homogênea de aparência perfeitamente estática. Nada nos diz de fato como essa linha do tempo se constrói, se temporaliza: é o instante presente que a percorre progressivamente ou ela vai se desenhando, pontinho após pontinho, um instante presente após o outro?

O mero fato de formular estas perguntas nos leva a um problema delicado: como o sucessivo pode ser gerado pelo justaposto? Como os pontinhos posicionados sobre uma linha reta, de aparência espacial, chegam a se materializar? Para responder a essa pergunta, é preciso poder identificar e caracterizar o verdadeiro motor do tempo. Esse motor é físico, objetivo, ou intrinsecamente ligado aos sujeitos conscientes que somos? De onde vem, afinal, o tempo que passa? E por falar nisso, ele realmente passa ou só passa por meio de nós?

Vocês encontrarão físicos que respondem que o tempo se vira sozinho para avançar, que ele é o seu próprio motor. Outros nos dizem que o tempo não deve sua motricidade implacável a si mesmo, mas sim à dinâmica do universo que, como vocês sabem, está em expansão. Outros pensam ainda que o motor do tempo não é nem o tempo, nem o universo, mas tão somente nós, os seres humanos, observadores dotados de consciência! Somos nós e apenas nós que estamos na origem da impressão que temos de que o tempo passa... Para entender a ideia subjacente a isso, imaginem que vocês estão num trem olhando pela janela. Vocês veem a paisagem que passa e dizem a si mesmos: "Olha, a paisagem desfilando". Na realidade, a paisagem não desfila por conta própria: é o seu movimento, mais precisamente o movimento do trem no qual vocês estão sentados, que cria a impressão de que a paisagem desfila, quando na verdade ela não desfila...

Vocês estão me acompanhando?

Pois bem, os físicos que pensam que nós somos o motor do tempo imaginam que a mesma coisa acontece com o espaço-tempo: o espaço-tempo seria como uma paisagem atravessada pelo trem. Ela estaria ali, estática, sem temporalidade própria. Ela não passaria, portanto. E seria o movimento no interior do espaço-tempo, nosso deslocamento sobre as linhas do universo, que criaria em nós a impressão de que o tempo passa.

Esse conceito tem um nome: é o conceito conhecido por "universo-bloco". Acreditar nele implica considerar que todos os eventos, sejam eles passados, presentes ou futuros, coexistem no espaço-tempo, que ali eles têm exatamente a mesma realidade, da mesma forma que as diversas cidades da França coexistem no mesmo tempo e no mesmo espaço. Enquanto estamos aqui em Montreuil, as cidades de Brest e de Estrasburgo existem tanto quanto Montreuil, a única diferença entre estas três cidades é que Montreuil recebe a nossa presença, ao passo que isso não está acontecendo nem em Brest, nem em Estrasburgo, pelo menos agora, neste momento em que estou falando com vocês. Do mesmo jeito, segundo o conceito de "universo-bloco", tudo aquilo que existiu continua a existir no espaço-tempo, e tudo aquilo que vai existir no futuro já existe no espaço-tempo. Os eventos ditos "presentes" são como os demais, com a pequena diferença de que são precisamente aqueles que se produzem lá onde nós estamos no espaço-tempo. Em suma, o presente não seria nada senão o lugar de nossa presença móvel. Quanto ao espaço-tempo, ele abrigaria a integralidade da história da realidade, que nós só descobriríamos passo a passo. É um pouco como uma partitura. Uma partitura contém a integralidade de uma obra musical: ela existe sob uma forma estática, sem temporalidade própria, mas assim que a peça musical que ela contém é tocada por uma orquestra, ela logo adquire uma temporalidade. Ao fazer as notas musicais desfilarem umas após as outras, a execução da peça instala a partitura, até então estática, num fluxo temporal.

Mas há físicos que se opõem a esse conceito de "universo-bloco", defendendo a ideia de que somente os eventos presentes são reais. A seus olhos, só existe o "agora". O passado não existe mais, ele se afundou no nada, e o futuro ainda não existe: ele também está no nada, esperando Godot, como na peça de Beckett. Essa concepção, segundo a qual não há outra realidade senão o conjunto do que acontece no momento presente, leva o nome, como já era de se imaginar, de "presentismo".

Quem está com a razão? Ainda é cedo demais para saber. O "universo-bloco" é problemático no que diz respeito à compatibilidade com a física quântica (isto é, a física do infinitamente pequeno), e o mesmo vale para o presentismo no que toca à relatividade geral (a teoria de Einstein que descreve o universo em grande escala). Mas a física é ao mesmo tempo a física quântica e a relatividade geral, ainda que seja difícil unificá-las.

Será que o futuro já existe naquilo que está por vir? Eis a pergunta crucial que divide os físicos. Por exemplo, onde vocês acham que está o amanhã? Já está em algum lugar, esperando que a gente acabe por ir ao seu encontro? Ou ele não existe de forma alguma e, nesse caso, sua irrealidade absoluta estaria comportadamente esperando que a sucessão dos instantes venha criá-lo da cabeça aos pés?

Esse debate, levado adiante pelos físicos e pelos filósofos, permanece em aberto. Vou me abster, portanto, de me posicionar. Enquanto isso, é preciso viver, e viver implica conferir ao futuro um certo estatuto. Nesse quesito, cada um faz como bem quer ou como bem pode. Mas, quando eu leio os jornais, tenho a impressão de que o presentismo invadiu tudo a tal ponto que o futuro agora se assemelha a um buraco negro. É como se o futuro tivesse se ausentado do presente... Ora, a vida tem mais do que apenas o hoje! Daí a proposta que eu gostaria de sugerir especialmente a vocês, que são jovens: sem esperar que os físicos se ponham de acordo, não seria urgente criar uma síntese interessante entre o "presentismo" e o "universo-bloco"? Misturá-los com astúcia, a fim de dar corpo à ideia de que o futuro já existe, que ele é uma realidade autêntica, mas que essa realidade não está ainda completamente configurada nem definida na íntegra, que ainda há lugar para o jogo, espaço para a vontade, para o desejo e para a invenção? Ou seja, em vez de ficar brincando com o fim do mundo, não seria hora de começar a colonizar intelectualmente o ano de 2050? Afinal, seja qual for o motor do tempo, este ano vai acabar aterrissando no presente de todo mundo que estiver lá em 2050, não vai?

O TEMPO QUE PASSA SE ASSEMELHA ÀQUILO QUE SE PASSA NO TEMPO?

Para nós, o tempo não parece andar sempre na mesma velocidade. Há momentos que parecem durar mais tempo e outros que, ao contrário, parecem passar muito rápido. Quando estamos entediados, achamos o tempo interminável. Quando estamos impacientes, também achamos que o tempo é lento demais, muito lerdo. Quando estamos alegres, o tempo fica mais intenso, mais inebriante. A realidade, porém, é que a nossa percepção do tempo não muda nada no tempo: um minuto dura um minuto, seja lá o que façamos durante esse um minuto e seja lá o que pense o nosso cérebro, que é um péssimo cronômetro, um relógio impreciso, de quinta categoria, que se desregula por qualquer coisa (e é por isso que usamos relógio de pulso: cada vez que o consultamos, ele reajusta "nosso" relógio interno). Um minuto fazendo lição de casa dura exatamente o mesmo tempo que um minuto tomando um bom sorvete de baunilha. O tempo passa a despeito de nós e a despeito de tudo o que se passa no tempo.

Mas nossa linguagem não traduz muito bem essa realidade. Dizemos às vezes que "o tempo urge", para dizer que temos que agir com urgência. Na realidade, porém, nesse tipo de situação, somos nós quem estamos com pressa, não o tempo. O tempo tem sempre todo o tempo do mundo, ele faz o que tem para fazer sem se preocupar conosco. Ele se dedica somente a fazer escoar, gota a gota, os minutos, as horas, os dias, os meses e os anos, em seu ritmo inabalável, que nada pode modificar.

Na verdade, quando estamos apressados e dizemos que é o tempo que nos apressa, estamos cometendo um abuso de linguagem. Francamente, quanto abuso! Temos sempre a tendência a dizer e, portanto, a pensar que o tempo se assemelha àquilo que se passa no tempo. E muitas vezes chegamos a confundi-lo conosco, com o que fazemos: se estamos com pressa, dizemos que a culpa é dele, que é ele que nos apressa, quando na verdade ele não tem culpa no cartório. Se andamos com o tempo contado, isso acontece porque temos afazeres demais, ou porque nos atrasamos. Mas o tempo não tem por que responder pelo fato de tantas vezes não sabermos *fazer bom uso* do tempo...

É VERDADE QUE O TEMPO É UMA ESPÉCIE DE RIO?

Existe uma imagem à qual costumamos associar o tempo. Esta imagem é a de um rio: há muitos milênios falamos do tempo como um rio. *A priori*, essa associação é bastante natural: assim como o tempo, um rio flui e, também como ele, nunca para. Isso basta para justificar que associemos um ao outro. Mas é preciso prestar atenção para não irmos longe demais. Pois, ao identificarmos estritamente o tempo a um rio, atribuímos a ele certas propriedades que os rios têm, mas que o tempo não necessariamente possui. Podemos sem esforço atribuir uma velocidade ao fluxo de um rio, mas não se pode fazer o mesmo com o tempo. Pois — vocês aprenderão isso em breve — a velocidade exprime a maneira como certa grandeza varia ao longo do tempo. Por exemplo, a velocidade de um carro mede o ritmo em que sua posição no espaço varia. Ela é igual à distância (no espaço) percorrida pelo carro em uma hora (de tempo). Do mesmo jeito, é possível calcular a velocidade do fluxo de um rio. Mas a velocidade do tempo, como defini-la? Seria necessário exprimir como o ritmo do tempo varia em relação... ao próprio ritmo do tempo. Isso nos levaria a dizer que o tempo tem uma velocidade tal que ele avança 24 horas... a cada 24 horas. E que belo avanço estaríamos fazendo!

E tem mais! Se considerarmos que o tempo é mesmo como um rio, então sem falta virá à tona a questão de saber qual é o seu leito: em relação a que ele flui? Basta que a evoquemos para que a ideia de um fluxo do tempo postule a existência de uma realidade intemporal na qual o tempo passaria. Isso não é paradoxal?

Eu acrescento ainda um ponto. No caso do rio, foi possível identificar a causa de seu fluxo: a gravidade. A nascente sendo mais alta que a foz, a água sempre flui no mesmo sentido, de cima para baixo. Mas o que faz o tempo fluir? É claro que não é a gravidade que está em jogo. Mas então o que empurra o presente na direção do futuro? Aqui encontramos a questão do motor do tempo, cuja resposta permanece incerta, como eu disse antes.

E O QUE EINSTEIN DISSE DE NOVO SOBRE O TEMPO?

Albert Einstein, numa "sacada" genial, mostrou há pouco mais de um século com sua teoria da relatividade que o tempo e o espaço não são independentes um do outro. Mais exatamente, que o tempo e o movimento estão, na realidade, ligados um ao outro. Por exemplo, quando dois relógios se deslocam um em relação ao outro, eles acabam por não indicar mais a mesma hora. Eles divergem cada vez mais. Esse fenômeno torna a questão do tempo ainda mais complicada do que eu pude dizer a vocês aqui hoje. E, para explicá-la bem, seria preciso falar de coisas muito difíceis, mas como o tempo passou desde que eu disse que o tempo na verdade não passa, vamos ter que deixar isso para a próxima vez que eu passar por aqui... Obrigado a todos pela atenção.

MONTREUIL, 9 DE JUNHO DE 2012

PERGUNTAS & RESPOSTAS

Se existisse mesmo uma máquina do tempo, se por exemplo eu viajasse agora no tempo e me reencontrasse mais velha, a pessoa que eu vou ser já saberia que eu viajei no tempo?

A rigor, para nos reencontrarmos quando formos mais velhos, não é preciso uma máquina do tempo: basta esperar... ficarmos mais velhos! Mas se você não tem paciência e deseja ver desde já como você será dentro de cinquenta anos, aí então, sim, será preciso dispor de um meio de estar presente em dois momentos diferentes, estar ao mesmo tempo no presente e no futuro, o que supõe poder passar "por cima" de uma duração que você ainda não viveu... Percebo que na sua pergunta você supõe que viajar no tempo é viajar para o futuro. Isso supõe que o futuro já existe naquilo que está por vir, caso contrário, viajar no futuro seria arriscar-se a naufragar no nada... E, sim, para viajar no tempo é preciso certificar-se de que o futuro existe ao mesmo tempo que o presente, o que supõe que todos os outros momentos do tempo coabitam em algum lugar. Ora, a concepção costumeira do tempo exclui que instantes diferentes ou momentos que não se sobreponham possam coexistir...

O mesmo vale para as viagens no passado: no mínimo, é preciso que o passado ainda exista, o que se pode conceber, mas tudo isso pode também ser discutido. O passado ainda está aqui e, em caso afirmativo, onde ele está? E se ele está em algum lugar, ele nos é acessível? Transpostas para o campo da literatura, essas interrogações equivalem a se questionar onde posicionar o cursor sobre uma régua cujas extremidades representam as obras de Scott Fitzgerald e de Marcel Proust. O primeiro considerava que o passado não está em lugar algum, que cada instante, tão logo vivido, cai num abismo sem fundo e sem deixar nenhum rastro, em suma, que as alegrias enterradas se perdem para todo o sempre, e que isso é forçosamente desolador. Para o autor de *Suave é a noite*, a impossibilidade de um recurso (ou de um retorno) ao passado é a marca mais trágica do sofrimento comum do homem, aquilo que provoca sua lenta fissura. Quanto a Proust, ele pretende, ao contrário, poder sair em busca do tempo perdido e das alegrias passadas graças a um trabalho de purificação da memória: cada uma de nossas impressões passadas pode voltar à superfície, livrar-se de sua crosta contextual e, assim, chegar à verdade.

Na realidade, para discutir direito essas coisas, precisaríamos nos tornar capazes de responder a duas questões levantadas pelo filósofo Ludwig Wittgenstein: para onde vai o presente quando ele se torna passado? E onde está o passado? Mas, se me permite um conselho, eu lhe diria de bom grado o seguinte: seria uma pena que você se tornasse avó antes mesmo de ter vivido sua adolescência e depois sua vida de mulher adulta. Nenhum período da vida merece ser negligenciado, rebaixado, sacrificado. A sabedoria talvez não seja outra coisa senão saber aproveitar as riquezas de todas as idades que atravessamos, sem nunca precipitar nada... Quando você chegar a minha idade, você compreenderá perfeitamente o que eu estou tentando lhe dizer.

Se todos os homens estivessem mortos, o tempo ainda existiria?

Para melhor responder a sua pergunta, seria antes preciso conhecer a ligação que existe — ou que não existe — entre o tempo e nós. O tempo existe a despeito de nós? Se a resposta for sim, então é claro que ele continuará a existir mesmo após o desaparecimento da espécie humana, continuará seu curso como se nada tivesse acontecido. Mas, se o tempo depende de nós, a resposta a sua pergunta será mais difícil de determinar. Pessoalmente, tendo a responder que sim, que o tempo existe a despeito de nós, pois se ele dependesse de nós, de nossa consciência, por exemplo, como é que ele poderia ter transcorrido antes da aparição da consciência no universo, se ele precisa dela para passar? Eu disse há pouco: o universo tem pelo menos 13,7 bilhões de anos, e o homem faz parte dele há cerca de 2 milhões de anos apenas. Logo, se o homem fosse, de um modo ou de outro, o motor do tempo, não poderíamos compreender como o tempo pôde passar durante a ausência do homem.

Para nos aprofundarmos nessa questão, permita-me lembrar a seguinte observação profunda do filósofo que eu citei há pouco, Ludwig Wittgenstein. Ele dizia: "Que coisa curiosa: todos os homens cujo crânio foi aberto tinham um cérebro". Feita essa constatação, a questão é determinar qual papel tem o cérebro na nossa relação com o mundo, e também na construção dos nossos conhecimentos sobre o mundo que nos rodeia, por exemplo a respeito do tempo. Segundo uma vulgata já bem assentada, de um lado haveria o tempo dos relógios e, de outro, o tempo da consciência. Esse tempo "psicológico" seria um tipo de segundo tempo evoluindo à margem do tempo físico. Mas, se o tempo psicológico fosse assim tão dominante na nossa maneira de conceber o tempo, como é que a ideia de tempo físico, radicalmente diferente, teria podido vir à tona? Henri Bergson, o grande filósofo francês que tanto se interessou pelo tempo, se arriscou a descrever as diferentes etapas intelectuais que permitiram conceber a ideia do tempo físico. Ele defendia a ideia de que o tempo físico resultava de uma simples extensão às coisas físicas de nossa experiência subjetiva da duração. Segundo Bergson, se acabamos por criar uma representação científica do tempo, isso se deve ao fato de que pudemos estender ao mundo que nos rodeia, por meio de um tipo de projeção para fora de nós mesmos, nossa própria "vivência" temporal. Para Bergson, eu devo considerar que a temporalidade do açúcar que se dissolve em um copo d'água em cima de uma mesa é, na verdade, o reflexo da minha espera. Passando assim de minha própria consciência ao copo d'água, à mesa, aos outros objetos que me rodeiam, posso passar da afirmação "eu duro no tempo" à conclusão de que também "o universo dura".* Bergson escreve a certa altura que "nós não duramos sozinhos no tempo",** para exprimir essa apropriação temporal do mundo pela consciência. As coisas exteriores duram como nós, de maneira que o tempo considerado nessa extensão pode pouco a pouco adquirir o aspecto de um meio homogêneo. Assim, passaríamos do tempo vivenciado pela consciência àquela variável t por meio da qual os físicos designam o tempo. Ao término desse processo de generalização, o eu e o todo acabariam, se não por se confundir, ao menos por se conectar.

Você já deve estar desconfiando de que essa tese de Bergson está longe de ser unânime, sobretudo por-

---

* Henri Bergson, *A evolução criadora*. São Paulo: Unesp, 2019.

** *Idem, Essai sur les données immédiates de la conscience. In: Œuvres.* Paris: PUF, 2013, p. 85.

que, ao colocar o tempo físico no prolongamento direto do tempo vivido, ela o supõe próximo de nossa subjetividade, o que está longe de ser verdade. O tempo físico não se parece de forma alguma com aquilo que comumente dizemos, percebemos e pensamos do tempo. Por exemplo, ele não se confunde com a mudança, ele é aquilo que não muda. Einstein inclusive irá se opor radicalmente a Bergson a esse respeito: "É à ciência", explicou ao filósofo, "que é preciso perguntar a verdade sobre o tempo, bem como sobre todo o resto. E a experiência do mundo percebida com suas evidências não passa de um balbucio diante da palavra clara da ciência."[*] O tom do físico pode ser seco e até mesmo arrogante, mas talvez ele tenha razão: nada prova que seja realmente possível instituir uma correspondência direta entre as formas de conhecimento comum e a estrutura das coisas.

Para dizer tudo isso de modo mais resumido, a existência de uma psicologia do tempo não basta para provar a existência de um tempo psicológico: pode ser que aquilo que chamamos de tempo psicológico seja tão somente a manifestação da nossa relação com o tempo físico, relação que, por sua vez, seria repleta de fatores psicológicos.

---

[*] Citado por Maurice Merleau-Ponty. In: *Signos*. São Paulo: Martins Fontes, 1991.

O homem precisa calcular a duração do tempo até os segundos?

Atualmente sim, sem dúvida, mas nem sempre foi assim. Na realidade, faz pouco tempo que medimos as durações. Quase sempre imaginamos que a medição das durações só pode ser feita graças a instrumentos inanimados, como os relógios solares, as ampulhetas, as clepsidras ou os relógios mecânicos. Mas já foi o caso — pelo menos foi assim que me contaram — de usarmos animais. Assim, numa das paredes do túmulo de Tutankamon, faraó da 18ª dinastia (27 séculos antes de Galileu!), estão pintados 24 babuínos representando o círculo das horas, o dia e a noite. Os antigos egípcios perceberam que esse animal tinha a particularidade de urinar de maneira bastante regular, de hora em hora, aproximadamente. Então, eles usaram a bexiga do animal como um pêndulo. Mas foi talvez nos monastérios ocidentais que a "dobra do tempo" de fato criou raízes: às variações da vida secular, a regra opunha sua disciplina de ferro, dando ritmo à vida monástica de uma maneira que deixava pouco espaço para a fantasia. Assim, desde o século VII, isto é, bem antes do aparecimento dos primeiros relógios mecânicos, no século XIII, uma bula do papa Sabiniano havia decretado que os sinos dos monastérios, que em geral utilizavam uma clepsidra associada a um martelo, deveriam soar sete vezes ao longo das 24 horas do dia. Essas pontuações regulares do dia constituíam as horas canônicas, marcando os momentos consagrados à devoção. Pouco a pouco, essa disciplina do relógio se difundiu dos monastérios para as cidades. A partir do século XIV, as torres dos relógios, enormes engenhocas de ferro e de cobre, soavam as horas nos vilarejos, sincronizando assim as atividades humanas e sociais, trazendo uma regularidade até então desconhecida na vida dos artesãos e dos comerciantes. Mas, durante os dois longos séculos que se seguiram, a passagem do tempo, ainda que devida e precisamente medida, não interveio de maneira quantitativa no estudo dos fenômenos naturais. Logo, o espetáculo dos relógios não bastou por si só para a emergência do tempo físico.

Na realidade, até o século XVI, a ideia comum do tempo esteve ligada às preocupações cotidianas. Ela servia aos homens essencialmente como meio de orientação no universo social e como modo de regulação de sua coexistência; não vinha à cabeça de ninguém fazer esse tempo intervir na expressão de uma lei física. De fato, muitos milênios separam as medições mais antigas de passagem do tempo pelos gnômons, primeiros "relógios de sombra", da primeira conceitualização operatória do tempo. Essa é a prova de que os relógios, sejam lá de qual tipo forem, não manifestam explicitamente o conceito de tempo tal como a física o concebe, mas apenas um efeito de sua passagem. Os relógios existiram em abundância e durante muito tempo, antes que um homem — Galileu — tenha tido a ideia de mergulhar o tempo no mundo físico, dotando-o de uma estrutura autêntica: a cada instante corresponde um valor particular da variável tempo, notada como *t*, e toda duração é feita de instantes sem duração, assim como uma linha é feita de pontos sem dimensões. Formalizada de maneira mais rigorosa por Newton, essa matematização levou a acentuar a personificação do tempo, já bem adiantada na filosofia grega.

Podemos ficar pasmos que tenha sido preciso tanto tempo até que alguém tivesse a ideia de matematizar o tempo, mas isso seria esquecer que o estatuto do tempo físico, longe de ser evidente, é na realidade muito "peculiar": eis aqui um tempo que foge às diferenças de apreciação subjetiva, um tempo que supostamente palpita no coração da natureza, seja bem perto de nós, seja lá nos confins do universo! Seria também ignorar que as múltiplas sociedades humanas não experimentaram em absoluto a necessidade de forjar a ideia de um tempo homogêneo. O exemplo mais conhecido é o da China: os chineses não desconheciam nem os calendários, nem os relógios, mas jamais conceberam o tempo sob o aspecto de um desfile monótono constituído pela sucessão de momentos que seriam qualitativamente semelhantes. Os chineses veem o tempo mais como um conjunto de eras, estações, épocas, cada qual com sua consistência específica e seus atributos próprios, de tal modo que nenhum fio unitário poderia de fato correlacioná-los.

Outros inúmeros exemplos provam que podemos perfeitamente "exprimir o tempo" sem que haja uma concepção homogênea como a dos físicos.

Deus usa relógio?

Eu nunca tive a ocasião de observar o que Deus usa no punho, nem se ele tem mesmo punho. Mas é claro que sempre podemos lançar hipóteses. Podemos, por exemplo, imaginar que Deus está fora do tempo, no sentido de que ele teria uma visão completa e integral da história do universo. Em suma, ele veria não apenas o presente, mas também a totalidade das histórias que aconteceram, acontecem e acontecerão no tempo. Se for esse o caso, não creio que ele precise de relógio. Mas a verdade é que a sua pergunta está além do meu entendimento e que eu não sei muito bem como respondê-la.

Qual é a velocidade do tempo?

Eu expliquei há pouco que, a rigor, não se pode falar de uma velocidade do tempo, pois uma velocidade é uma variação em relação ao tempo. Falar de uma velocidade do tempo suporia então a possibilidade de exprimir a variação do ritmo do tempo em relação a si mesmo, o que não faz sentido. A única coisa que se pode dizer é que o tempo avança uma hora a cada hora, o que não resolve muita coisa. Eu escrevi em algum lugar, não sei mais muito bem onde, que um minuto, seja de silêncio ou de falatório, dura sempre sessenta segundos...

Mas o que pode fazer sentido — e veja que estou levando sua pergunta a sério — seria atribuir certa velocidade a nossa apreciação do tempo, a nossa percepção das durações. Digamos que você vai a uma conferência que dura uma hora e tem a impressão de que ela durou somente meia hora, isso quer dizer que o seu tempo psicológico é duas vezes mais rápido que o tempo real. Podemos assim atribuir uma velocidade não ao tempo em si, mas a nossa maneira de senti-lo. Mas não se deve ir longe demais nessa direção, pois ela nos conduz diretamente a abusos de linguagem que alimentam a confusão. Hoje, ao constatar que nossa vida se acelera, que nossas agendas estão saturadas, que a indústria produz cada vez mais mercadorias em cada vez menos tempo, nós exclamamos, como num desabafo, "O tempo passa cada vez mais rápido!", como se o tempo se identificasse com o "uso" que fazemos dele e não tivesse mais o que fazer a não ser se juntar ao ritmo de nossas atividades. Ora, nossa forma de viver o tempo não muda nada do tempo em si... Vocês me dirão que isso não importa tanto, já que isso não impede que nos compreendamos. Tudo bem, mas isso se torna incômodo quando a questão é explicar certas consequências da teoria da relatividade restrita: nesse caso, a invocação de uma "velocidade do tempo" é problemática. Por exemplo, sempre lemos que a teoria da relatividade restrita estabelece que a "velocidade de passagem do tempo depende da velocidade do observador". Ora, essa fórmula é duplamente enganosa. Primeiro porque ela afirma que o tempo tem uma velocidade de passagem, o que, como acabamos de ver, não faz sentido. Essa fórmula também é enganosa por fazer pensar que existiria apenas um tempo, o mesmo para todos, mas "elástico", quero dizer, um tempo cuja velocidade de passagem varia em função do observador. Aquele que a lê ingenuamente, imaginará então que, se precisamos de duas horas para ler um livro em nosso quarto, precisaremos de um tempo diferente, contado no relógio, para ler um livro do mesmo tamanho a bordo de um foguete viajando no espaço a 150 mil quilômetros por segundo. Mas esse não é o caso: também no foguete serão necessárias duas horas para terminar a leitura da obra... Pois, o "movimento é como nada", já dizia Galileu, endossado a esse respeito por Einstein: quando um observador está em movimento em linha reta e uniforme, tudo se passa como se ele não estivesse em movimento... Mas a diferença em relação à física newtoniana é que, quando ele voltasse de sua viagem, seu relógio não estaria mais sincronizado com aqueles que ficaram na Terra...* Pois, segundo a teoria

---

* Em 1911, o físico Paul Langevin popularizou essa consequência da teoria da relatividade. Consideremos dois irmãos gêmeos de vinte anos. Um deles parte para explorar o cosmos a bordo de um foguete. Ele faz uma viagem de ida e volta, à velocidade constante de 297 mil quilômetros por

de Einstein, cada observador está dotado de um "tempo próprio" que, como o nome indica, lhe é próprio. Nesse contexto, mudar o referencial, isto é, passar do ponto de vista de um observador ao de um outro observador, não é nem diminuir, nem aumentar a velocidade de um tempo único que seria comum aos dois, mas simplesmente passar de um tempo próprio particular a um outro tempo próprio, radicalmente diferente do anterior, e sem que se possa dizer que um passa mais rápido que o outro. Em outras palavras, na teoria da relatividade, aquilo que é universal não é o tempo em si, mas o fato de que todo observador possui um tempo que lhe é próprio.

Imaginemos que eu volte ao passado e altere um evento que podia ter acontecido — isso pode repercutir no meu presente. Mas e se a gente pensar que o fato de estarmos vivos é a prova de que aquilo que mudamos não é possível? Imaginemos, por exemplo, que eu volte aos meus antepassados e que eu salve um deles; isso poderia me salvar, ou talvez o fato de

---

hora (99% da velocidade da luz), em direção a um planeta situado a vinte anos-luz. Quando retorna, o gêmeo viajante lê no seu relógio que esteve fora durante seis anos, ao passo que seu irmão que ficou na Terra envelheceu quarenta anos (essa diferença de idade entre os dois irmãos seria maior se a velocidade do foguete fosse ainda mais rápida, e menor se a velocidade fosse mais lenta). O gêmeo sedentário tornou-se mais velho que o irmão, fenômeno que habitualmente interpretamos — mas sem razão — dizendo que o tempo passou mais rápido para um que para o outro.

que eu exista é a prova de que esse momento não se deu realmente — isso significaria que não se trata do mesmo tempo.

Sua pergunta mostra que você entendeu que, para viajar no tempo, é preciso se dissociar do tempo em que você está agora: de repente, você não está mais em 2012; você se encontra com o passado, o que supõe que você seja capaz de deslizar ao longo do eixo do tempo para ir ao encontro de uma época na qual você jamais esteve, a época de seus antepassados. Se, uma vez "presente" nessa época passada, você assiste a tudo que acontece como se estivesse no cinema, isto é, sem poder intervir no curso dos acontecimentos, nesse caso o curso da história não será modificado. Por exemplo, se voltar para a batalha de Alésia, que eu evoquei há pouco, você verá os gauleses e os romanos se estapearem, como nos quadrinhos de Asterix, mas, se não tiver meios para mudar o desfecho da batalha, nem o passado será alterado pela sua excursão temporal, nem o presente de onde você partiu: você terá passeado pela história sem desempenhar um papel decisivo.

Mas o que a física — e, antes dela, o simples bom senso — considera impossível é a possibilidade de mudar o passado. Em outras palavras, segundo a física, se um evento acontece, será eternamente verdadeiro o fato de ele ter acontecido. Por exemplo, se ontem você derramou uma xícara de chocolate quente, hoje você pode limpar a sujeira que esse evento provocou e, assim, fazer com que ninguém nem perceba que você derramou a xícara de chocolate quente. Em outros termos, você pode anular os efeitos produzidos por esse incidente e fazer como se ele nunca tivesse acontecido. Mas o ponto crucial é que você não pode apagar o evento em si! Mesmo se ninguém o testemunhar, mesmo se você negar que tenha acontecido, ele permanecerá eternamente verdadeiro. Isso leva o nome de "princípio de causalidade". Na física, esse princípio tem consequências muito importantes. Por exemplo, nos anos 1930, ele permitiu prever a existência de antipartículas que foram, mais tarde, detectadas. Mas, me perdoe, vou parar por aqui, porque é um pouco complicado...

A gente poderia imaginar que daqui a muito tempo será possível visualizar o tempo?

Sinceramente, acho que não. O tempo físico é uma realidade inacessível de modo direto. Mas talvez possamos nos aproximar fazendo uma experiência — propriamente metafísica —, a experiência do tédio mortal: quando nada acontece, nada se anuncia, quando nada se apresenta, experimentamos a existência de um tempo esvaziado, desprovido de seus figurinos e fulgores, de um tempo sem elasticidade, que parece ter se dissociado do porvir e da mudança. O tempo fica então exposto em sua nudez, ele se livra de tudo aquilo que comumente o reveste ou parasita, ele se assemelha ao tempo físico tal como aparecera pela primeira vez definido por Newton. Resta apenas a sequência indefinida dos tique-taques. Como dizia o filósofo Cioran, "entediar-se é mascar tempo puro".

O senhor disse que, segundo Einstein, há um espaço-tempo. Isso quer dizer que o tempo é finito e que, portanto, ele tem um começo e um fim?

Nos gráficos e nos diagramas, a linha do tempo é sempre representada por uma linha reta cuja direção é indicada por uma flechinha. Essa figuração não significa que a linha seja de fato reta, que o tempo vá sempre para a direita, sem jamais se permitir o mínimo desvio. Essa representação é mais uma tradução simbólica do fato de que o tempo é contínuo, de que ele não passa duas vezes pelo mesmo instante e de que todos os instantes têm *status* rigorosamente idênticos.

Por definição, uma linha reta é infinita. A do tempo é assim também? Em outros termos, a linha do tempo é infinita tanto no passado como no futuro? Será que ela não estaria mais para uma meia-reta com uma origem ou, se preferir, um primeiro ponto, um primeiro instante? Em caso afirmativo, esse primeiro instante é concebível para nós? Estamos aptos a descrevê-lo, pensá-lo, contar de onde ele vem? Filósofos, metafísicos e teólogos nunca deixaram de dissertar sobre essas questões — às vezes com brio — nem sobretudo de brigar — quase sempre com ardor. Eles estão no seu terreno com as questões sobre a origem. Mas e os cientistas, eles não teriam nada a dizer?

Você já ouviu falar no Big Bang. A rigor, o Big Bang designa a época muito densa e muito quente que o universo conheceu há 13,7 bilhões de anos. Ele também designa o conjunto dos modelos cosmológicos que descrevem essa fase e que começaram a ser discutidos nos anos 1950. Mas, em geral, o termo Big Bang é empregado em um sentido sabidamente diferente: ele designa a explosão original que teria criado tudo aquilo que existe, como se os modelos de Big Bang tivessem diretamente acesso ao instante zero, apresentado como o instante que marca o surgimento simultâneo do espaço, do tempo, da matéria e da energia. Numa linguagem mais coloquial, o Big Bang designa a criação do mundo. Essa assimilação realmente traduz aquilo que dizem nossas equações ou seria mais um abuso de linguagem?

A priori, não se trata de um contrassenso: segundo as primeiras versões dos modelos de Big Bang, se olharmos o que foi o universo num passado cada vez mais longínquo, observaremos que as galáxias se aproximam umas das outras, que o tamanho do universo não para de diminuir e que, de fato, acabamos chegando — pelo menos no papel — a um universo "pontual" — não no sentido de comparecer pontualmente aos compromissos, mas no sentido de que *ele se reduzia a um ponto geométrico, de volume nulo e de densidade infinita*. Em outras palavras, se a gente passa o tempo ao contrário, do presente para o passado, as equações não hesitam em fazer surgir um instante crítico, tradicionalmente chamado de "instante zero", que teria surgido há 13,7 bilhões de anos: esse instante está em associação direta com aquilo que os físicos chamam de uma "singularidade inicial", um tipo de situação teórica monstruosa em que certas quantidades, tais como a temperatura e a densidade, se tornam infinitas. Mas o que impede que essa "singularidade inicial" esteja associada à origem efetiva do universo? À primeira vista, nada. Mas somente à primeira vista...

De onde provém essa reserva crucial que vem contestar nosso jeito costumeiro de evocar o Big Bang? As razões são fáceis de compreender: os primeiros modelos de Big Bang — aqueles que formataram os contornos do nosso discurso — só levavam em conta uma única força da natureza, a gravidade, descrita com a ajuda das fórmulas da relatividade geral. Essa interação, de atração e alcance infinitos, domina em grande escala. Mas, assim que voltamos no tempo, o tamanho do universo se reduz progressivamente e, ao término de 13,7 bilhões de anos, a matéria acaba encontrando condições físicas bastante específicas, que a relatividade geral é incapaz de descrever sozinha, pois entram em jogo outras interações fundamentais além da gravidade: são as interações eletromagnéticas, nuclear fraca e nuclear forte que determinam o comportamento da matéria, sobretudo quando ela está exposta a uma temperatura muito elevada e a uma alta densidade.

Visto que a relatividade geral não leva em conta nenhuma dessas três forças, ela não está apta a descrever sozinha o universo primordial. Suas equações perdem toda validade assim que as partículas presentes no universo, dotadas de energias gigantescas, são submetidas a outras interações além da gravidade. Na realidade, pode-se dizer que a relatividade geral só dá acesso aos "períodos tardios do universo primordial" e jamais àqueles que os precederam. O instante zero, que tanto insistimos em associar ao Big Bang, não pode ter sido um instante físico, o primeiro instante pelo qual o universo teria passado.

Assim, por mais prodigiosas que sejam, as descrições das diferentes fases do universo pelos modelos de Big Bang exclusivamente construídos a partir da teoria da relatividade geral jamais incluem o começo do universo propriamente dito, muito menos o que quer que o tenha precedido ou que possa ter sido sua causa. Em consequência, é inútil — além de intelectualmente perigoso — insistir em fazer a teoria de Einstein dizer aquilo que seus próprios princípios são incapazes de conceber. Pois, para poder afrontar as condições do universo "verdadeiramente primordial" e se tornar capaz de falar a respeito, seria preciso que os físicos teóricos pudessem atravessar aquilo que eles chamam de "muro de Planck". Esse termo designa um momento particular na história do universo, uma fase pela qual ele passou e que se caracteriza pelo fato de as teorias físicas atuais não serem capazes de descrever o que aconteceu antes. O muro de Planck, ao qual estão associados uma energia (10^{19} GeV), um comprimento (10^{-35} metro) e uma duração (10^{-43} segundo), representa aquilo que hoje nos impede o acesso à origem do universo, se é que houve mesmo uma origem. Esse muro encarna o limite de validade ou de operatividade dos conceitos da física que utilizamos: servem para descrever aquilo que se passou depois, mas não aquilo que veio antes (assim, nossas representações habituais de espaço e tempo perdem toda pertinência para lá do muro de Planck).

Se a assimilação trivial feita entre o Big Bang e a emergência do instante zero merece ser examinada em detalhe, isso se deve ao fato de ela não ser metafisicamente neutra. Mal interpretada ou simbolicamente carregada, ela pode levar a digressões despropositadas ou até mesmo àquilo que Ludwig Wittgenstein chamava de "falsos problemas". Se enxergamos no Big Bang o início de tudo, caímos fatalmente na pergunta metafísica sobre o que poderia tê-lo desencadeado no meio do nada, no coração do nada. O nada não teria como explodir por si só, a não ser que contivesse um "princípio explosivo" que fizesse dele *ipso facto* distinto de si mesmo. Mas então quem — ou o que — terá posto fogo na pólvora até então inexistente?

Todas essas considerações de ordem metafísica não param de nos cativar e até mesmo de nos "capturar". É preciso somente levar em consideração que não há motivo para discuti-las *em nome* de uma cosmologia atual, pois esta não as supõe. Os físicos sabem que o Big Bang não corresponde de forma alguma à criação do universo propriamente dita, mas apenas a um episódio particular que ele atravessou: o suposto primeiro instante que os primeiros modelos sugeriam não era dotado de realidade física, na medida em que ele não corresponde a nenhum momento *efetivo* do passado do universo. Em outros termos, mesmo se uma certa vulgata que diz o contrário continue a circular, o tempo do universo não passou pelo instante zero que associamos comumente e abusivamente ao Big Bang. Isso é uma construção puramente teórica, alardeada com exagero, e não um instante que teria inaugurado o curso do tempo físico.

Pesquisas intensas são realizadas a fim de tentar construir um formalismo suscetível de descrever melhor — e sobretudo de forma mais completa — o universo primordial. Os teóricos que tentam descrever essa fase superquente e superdensa ousam todas as hipóteses: o espaço-tempo possuiria mais de quatro dimensões; a uma pequena escala (ainda inferior à escala de Planck), ele seria descontínuo, e não liso; ou, ainda, ele seria teoricamente derivável e dedutível de algo que não é o espaço-tempo...

Essas várias pistas ainda são meras conjecturas, mas — aspecto notável — todas fazem o instante zero passar por maus momentos: para elas, não há singularidade inicial! Em todos os casos, os cálculos fazem de fato aparecer um mundo que teria existido antes do nosso universo. Atualmente, a questão de saber se o universo teve ou não uma origem digna desse nome permanece em aberto: ninguém ainda foi capaz de demonstrar cientificamente que ele teve uma origem "originária", e ninguém foi capaz de demonstrar cientificamente que ele não a teve.

A alternativa é simples, então. Ou o universo teve uma origem, que a ciência ainda não entendeu: nesse caso, ele foi precedido por uma ausência total de ser, o que significa que ele resultou de uma extração do nada, extração obviamente inexprimível (pois, para explicar como o nada pode deixar de ser o nada, é preciso atribuir-lhe propriedades que, por sua própria existência, o distinguem de si mesmo, o que nos conduz a aporias intransponíveis...); ou o universo não teve uma origem: nesse caso, sempre houve ser, jamais um nada; então, evidentemente, a questão da origem do universo não se apresenta mais, ela não passou de um problema mal enunciado, mas ela se vê substituída por uma outra questão, a mais impenetrável de todas, a questão do ser: por que o ser e não o nada?

Será que, quando for possível viajar à velocidade da luz, a gente vai poder ficar viajando tempo suficiente para que se passem 5 milhões de anos na Terra?

Segundo a teoria da relatividade de Einstein, somente as partículas de massa nula, como os fótons, podem alcançar a velocidade da luz, que é de cerca de 300 mil quilômetros por segundo. As outras partículas, as maciças, se movem necessariamente a velocidades inferiores à da luz, mesmo se a diferença entre a velocidade delas e a da luz for muito pequena (é o que acontece quando a energia das partículas é muito alta). Mas — e é isso que é preciso entender direito —, quando a velocidade de uma partícula se aproxima da velocidade da luz, a luz continua viajando em relação a essa partícula a 300 mil quilômetros por segundo... Imaginem que um fóton, quero dizer, uma partícula de luz, atravesse esta sala. Vocês começam a correr atrás dele, muito rápido, como um super-herói, por exemplo, a 299 mil quilômetros por segundo. Vocês dirão que bastaria conseguir acelerar um pouquinho mais para poder ir mais rápido que o fóton. Mas não: não importa qual seja a sua velocidade no espaço, a luz se deslocará em relação a você à velocidade... da luz! A teoria da relatividade nos diz que é de fato impossível correr tão rápido quanto um fóton e que é mais impossível ainda ultrapassá-lo. Eu entendo que tal perspectiva peça uma certa abertura de espírito, mas fiquem tranquilos: uma abertura de espírito não tem nada a ver com uma fratura no crânio.

Mas para responder um pouco melhor a sua pergunta: se você pudesse embarcar numa nave espacial viajando muito rápido em relação à Terra, digamos à metade da velocidade da luz, então, de fato, a duração da viagem medida pelo seu próprio relógio seria bem mais curta do que a duração medida pelos relógios das pessoas que ficaram na Terra. Vale lembrar que, quando você voltasse, todas essas pessoas já estariam mortas...

Minha pergunta diz respeito à percepção do tempo que os fótons poderiam ter. O senhor disse que eles se deslocam à velocidade da luz e que a luz tem sua própria velocidade. O senhor disse que nossa percepção do tempo, quando nos aproximamos dessa velocidade, quando aceleramos, é cada vez mais lenta em relação à percepção do tempo pelos outros. A gente poderia então considerar que, quanto mais nos aproximamos da velocidade da luz, quanto mais perto chegamos dela, o tempo teria a tendência de não passar mais. Os fótons não perceberiam nenhum deslocamento temporal e, então, teriam a impressão de que tudo acontece ao mesmo tempo.

Como eu expliquei há pouco ao seu colega, não podemos alcançar os fótons, já que a velocidade deles em relação a todo e qualquer observador é igual à velocidade da luz. Isso implica a inexistência de um referencial que lhes seja atribuído e em relação ao qual sua velocidade seria nula. É por isso que é delicado falar, como você acaba de fazer, de um tempo próprio aos fótons. Dizer que o tempo não existe para eles é como dizer que um observador pode cavalgar num deles. Ora, segundo Einstein, tal observador não pode existir.

Podemos saber quando acontecerá o fim do mundo?

Eu não disponho de informações precisas que me permitam responder a sua pergunta... "O fim do mundo" é uma expressão e tanto! Eu acho que, a rigor, nós somos capazes de pensar no fim de *um* mundo, por exemplo, no fim da supremacia do Ocidente ou no fim do sistema solar, mas não no fim *do* mundo, quero dizer, no fim do mundo *inteiro*... Eu observo inclusive que aqueles que acreditam, em virtude de não sei qual argumento, que o fim do mundo acontecerá no final de 2012 contradizem a si mesmos. Eles se preparam para buscar refúgio em abrigos nesse ou naquele vale montanhoso. Mas se o fim do mundo que se anuncia é um verdadeiro fim do mundo, não haverá abrigo que resista... Você há de concordar comigo que, se for para levar as palavras a sério, nada teria como sobreviver ao fim do mundo.

Mas, quer saber, o fim do mundo é um velho refrão batido. Já vimos suas premissas na chegada do ano 1000, na praga da batata, na substituição da vela pela eletricidade... Dá até vontade de dizer "Chega!": essa história de fim do mundo como único futuro iminente já está durando demais! A mídia só pensa nessa contagem regressiva. Cada dia acrescenta mais uma camada negra à escuridão geral. Ora, desde quando alguém sabe alguma coisa sobre o fim do mundo?

Nosso mundo moderno é ambivalente, isso eu até admito, ele é ao mesmo tempo venenoso e delicioso, e é exatamente por isso que eu convido vocês a apostar na esperança em vez de ficar imaginando o Apocalipse: se o mundo não fosse venenoso, não seria preciso esperança, e se ele não fosse delicioso, a esperança não seria possível. O futuro é sobretudo uma questão de desejo e, na minha opinião, você e os seus jovens colegas, digam lá o que disserem os calendários maias, vocês todos têm um futuro pela frente!

SOBRE A COLEÇÃO

Fábula: do verbo latino *fari*, "falar", como a sugerir que a fabulação é extensão natural da fala e, assim, tão elementar, diversa e escapadiça quanto esta; donde também falatório, rumor, diz que diz, mas também enredo, trama completa do que se tem para contar (*acta est fabula*, diziam mais uma vez os latinos, para pôr fim a uma encenação teatral); "narração inventada e composta de sucessos que nem são verdadeiros, nem verossímeis, mas com curiosa novidade admiráveis", define o padre Bluteau em seu *Vocabulário português e latino*; história para a infância, fora da medida da verdade, mas também história de deuses, heróis, gigantes, grei desmedida por definição; história sobre animais, para boi dormir, mas mesmo então todo cuidado é pouco, pois há sempre um lobo escondido (*lupus in fabula*) e, na verdade, "é de ti que trata a fábula", como adverte Horácio; patranha, prodígio, patrimônio; conto de intenção moral, mentira deslavada ou quem sabe apenas "mentira da gentil do que me falta", suspira Mário de Andrade em "Louvação da tarde"; início, como quer Valéry ao dizer, em diapasão bíblico, que "no início era a fábula"; ou destino, como quer Cortázar ao insinuar, no *Jogo da amarelinha*, que "tudo é escritura, quer dizer, fábula"; fábula dos poetas, das crianças, dos antigos, mas também dos filósofos, como sabe o Descartes do *Discurso do método* ("uma fábula") ou o Descartes do retrato que lhe pinta J. B. Weenix em 1647, segurando um calhamaço onde se entrelê um espantoso *Mundus est fabula*; ficção, não ficção e assim infinitamente; prosa, poesia, pensamento.

PROJETO EDITORIAL Samuel Titan Jr. / PROJETO GRÁFICO Raul Loureiro

SOBRE O AUTOR

Nascido em Paris, em 1958, Étienne Klein é físico e filósofo. Depois de estudar engenharia, física e filosofia, trabalhou em projetos junto à Organização Europeia para a Pesquisa Nuclear (CERN) e lecionou física quântica e filosofia das ciências em liceus e universidades francesas. Ao mesmo tempo, dedicou-se a uma intensa carreira em divulgação científica, com mais de vinte títulos publicados — muitos deles sobre a questão do tempo. Atualmente, Klein dirige o Laboratório de Pesquisas sobre as Ciências da Matéria, nos arredores de Paris.

SOBRE A TRADUTORA

Cecília Ciscato nasceu em São Paulo, em 1977. Graduada em Letras pela Universidade de São Paulo (2011), é também mestre em Língua Francesa pela Université Paris Descartes (2015). Traduziu o *Discurso do prêmio Nobel de literatura 2014*, de Patrick Modiano (Rio de Janeiro: Rocco, 2015), e verteu, para a coleção Fábula, *Que emoção! Que emoção?*, de Georges Didi-Huberman (2016), *Outras naturezas, outras culturas*, de Philippe Descola (2016), *Como se revoltar?*, de Patrick Boucheron (2018) e *O homem que plantava* árvores, de Jean Giono (2018, em colaboração com Samuel Titan Jr.).

SOBRE ESTE LIVRO

O tempo que passa(?), São Paulo, Editora 34, 2019 TÍTULO ORIGINAL *Le Temps (qui passe?)*, Paris, Bayard, 2013 © Étienne Klein, 2013 EDIÇÃO ORIGINAL © Bayard, 2013 TRADUÇÃO © Cecília Ciscato PREPARAÇÃO Leny Cordeiro REVISÃO Flávio Cintra do Amaral, Nina Schipper PROJETO GRÁFICO Raul Loureiro ESTA EDIÇÃO © Editora 34 Ltda., São Paulo; 1ª edição, 2019. A reprodução de qualquer folha deste livro é ilegal e configura apropriação indevida dos direitos intelectuais e patrimoniais do autor. A grafia foi atualizada segundo o Acordo Ortográfico da Língua Portuguesa de 1990, que entrou em vigor no Brasil em 2009.

A tradutora agradece as sugestões de
Sabine Wespieser, Arthur Liacre e Ian Banic.

CIP — Brasil. Catalogação-na-Fonte
(Sindicato Nacional dos Editores de Livros, RJ, Brasil)

Klein, Étienne, 1958
O tempo que passa(?) / Étienne Klein;
tradução de Cecília Ciscato — São Paulo:
Editora 34, 2019 (1ª Edição).
72 p. (Coleção Fábula)

Tradução de: Le Temps (qui passe?)

ISBN 978-85-7326-728-0

1. Ensaio francês. I. Ciscato, Cecília.
II. Título. III. Série.

CDD-844

TIPOLOGIA Fakt PAPEL Pólen Bold 90 g/m^2
IMPRESSÃO Bartira TIRAGEM 3.000

Editora 34
Editora 34 Ltda. Rua Hungria, 592
Jardim Europa CEP 01455-000
São Paulo — SP Brasil
TEL/FAX (11) 3811-6777
www.editora34.com.br